Con agradecimiento especial a Paul Lucas

1a. edición, noviembre 2013.

1001 Ways To Success
. Copyright © 2013 Arcturus Publishing Limited
26/27 Bickels Yard, 151-153 Bermondsey Street,
London SE1 3HA

2013, Grupo Editorial Tomo, S.A. de C.V.
Nicolás San Juan 1043, Col. Del Valle
03100 México, D.F.
Tels. 5575-6615, 5575-8701 y 5575-0186
Fax. 5575-6695
http://www.grupotomo.com.mx
ISBN-13: 978-607-415-592-1
Miembro de la Cámara Nacional
de la Industria Editorial No. 2961

ucción: Ivonne Saíd Marínez
o de portada: Karla Silva
ación Tipográfica: Bertha Gómez
visor de producción: Leonardo Figueroa

1001 CAMINOS HAC

EL

ÉXITO

Grupo Editorial Tomo, S.A. d
Nicolás San Juan 1043,
03100, México, D.F.

©

Trad
Disei
Form
Super

Este libr
Arcturus

Impreso

Contenido

Introducción

Todos soñamos con ser exitosos en algo, aunque cada uno tenemos una idea diferente de lo que significa el éxito. Para algunos, tiene que ver con la posición social, el poder y el dinero; para otros, sólo se trata de encontrar paz, satisfacción y felicidad. Hay otras personas que aún no saben cuál es su verdadera pasión y para ellos el éxito es como una ciudad mítica que no se encuentra en el mapa de la vida. Este libro se escribió con la finalidad de ayudar a todo aquel que desea un mejor mañana, analizando los muchos tipos diferentes de éxitos y ofreciendo ideas y consejos para que descubras, y consigas, tus metas más preciadas. Gente exitosa de todas las clases sociales, desde la antigüedad hasta el presente, comparte sus consejos. No importa si necesitas un poco de motivación o un estímulo después de haber sufrido un contratiempo, esta antología de conocimiento y sabiduría te guiará por el camino al éxito. Es un recordatorio constante de que no importa cuáles sean tus sueños personales de éxito, siempre están al alcance de tu mano.

¿Qué es el éxito?

¿Cómo definimos al éxito? ¿Cuáles son las cosas por las que de verdad vale la pena luchar, y cómo sabemos que ya logramos nuestras ambiciones?

Fama y riqueza no son sinónimos de éxito, y en ocasiones debes decidir cuál deseas de verdad.

No importa cómo definas al éxito, no lo lograrás si no lo intentas primero.

Puedes tener cualquier cosa que desees, pero no todo lo que quieres. Decide qué es lo más importante para ti y si lo consigues, entonces habrás alcanzado el éxito.

Una persona exitosa necesita abrir los ojos, acumular logros, ser activa, aferrada, agradecida, amable, ambiciosa, animada, apta, astuta, atenta, atrevida, audaz, ávida.

Tienes que salir a buscar el éxito,
no vendrá a tocar a tu puerta.

Hacer felices a los demás es una clase de éxito.

Si te comprometes sinceramente con tus sueños, es mucho más probable que se hagan realidad.

El éxito se valora porque no es fácil conseguirlo. Si lo fuera, entonces nadie se esforzaría por ser exitoso.

Superar las expectativas es uno de los pasos más importantes en el camino al éxito.

"El éxito inmediato" en realidad no se da de un día para otro, se logra después de años de dedicación.

Sin duda, ya eres exitoso. Analiza tu pasado y encuentra esos momentos en los que lograste algo. Si ya lo conseguiste una vez, puedes volver a hacerlo.

¿Qué es el éxito?

descubras, y consigas, tus metas más preciadas. Gente exitosa de todas las clases sociales, desde la antigüedad hasta el presente, comparte sus consejos. No importa si necesitas un poco de motivación o un estímulo después de haber sufrido un contratiempo, esta antología de conocimiento y sabiduría te guiará por el camino al éxito. Es un recordatorio constante de que no importa cuáles sean tus sueños personales de éxito, siempre están al alcance de tu mano.

Un hombre exitoso es aquél que se levanta por la mañana, se va a la cama por la noche y en el ínter hace lo que quiere.

Bob Dylan

La gente puede pensar que eres exitoso o no, pero lo que de verdad importa es si tú te consideras exitoso o no.

No sueñes con que el éxito te llegue nada más a ti, desea que le llegue también a los demás.

Ser exitoso es ser: bello, benévolo, bienintencionado, bondadoso, bragado, bravo, brillante, bueno.

Si eres verdaderamente feliz, entonces no tienes que preocuparte por el éxito. La persona que es feliz de verdad ya es exitosa.

Jamás tendrás éxito si intentas complacer a todo el mundo.

Existen diferentes clases de éxito, y cada una de ellas requiere de mucho esfuerzo.

El éxito es temporal, así que asegúrate de que tu meta sea divertida.

Tener suerte no es lo mismo que ser exitoso. Te sientes realmente satisfecho hasta que experimentas una verdadera sensación de logro.

El éxito es 1% inspiración y 99% transpiración.

En tu vida cultiva calma, candidez, cariño, carisma, cautela, certidumbre, claridad, clase, colaboración, compañerismo, compasión, competitividad, compromiso, concentración, confianza, conocimiento, constancia, convencimiento, conversación, coraje, creatividad, cultura, curiosidad.

Fracasas cuando dejas de intentarlo; pero si continúas insistiendo, entonces vas por buen camino

Receta para el éxito: una tonelada de tenacidad, una gota de oportunidad, una onza de sentido común, un instante de inspiración, un puño de esperanzas, muchos sueños, bastante fe, y una cantidad ilimitada de determinación.

Encuentra una oportunidad y estarás a la mitad del camino hacia el éxito.

El éxito comienza cuando crees que algo es posible.

Lo que aparentemente es un fracaso, suele ser un paso hacia el éxito.

Tener mucho dinero no significa ser exitoso; varias personas millonarias reconocen sin problema que son un fracaso en otros aspectos de su vida.

La persona exitosa tiene: autocontrol, confianza en sí misma, disciplina, seguridad.

Cuando de lograr el éxito se trata, por lo general la opción más prudente es la equivocada.

No te rindas y sé decidido, desafiante, deslumbrante, destacado, determinado, diferente, dinámico, directo, divertido.

El éxito individual no existe, todos necesitamos un poco de ayuda en algún punto del camino.

No puedes ser exitoso fingiendo ser lo que no eres.

El éxito es ir de fracaso en fracaso sin desesperar.
Winston Churchill

Aunque parezca que el éxito se encuentra muy lejos, siempre está en tus manos.

El éxito llega con los cambios, así que acepta el cambio, aunque al principio te dé miedo.

El éxito ha destruido a mucha gente, igual que el fracaso ha acabado con muchas personas, por eso asegúrate de saber qué quieres antes de salir a buscarlo.

El éxito es una cuestión de actitud, y el entusiasmo es tan importante como la aptitud.

Ser parte del éxito de otra persona es tan gratificante como el éxito propio.

El éxito llegará a ti si eres educado, eficaz, efusivo, elegante, elocuente, emprendedor, encantador, entretenido, entusiasta, equilibrado, esmerado, excelente, extraordinario, extravagante.

Ponerse en el lugar de los demás es de gran utilidad para avanzar en el camino al éxito.

No tomes riesgos insensatos, pero tampoco seas tan insensato como para no arriesgarte nunca.

Asegúrate de que puedas reconocer el éxito, porque a veces se presenta tan gradualmente, que ni siquiera lo notas.

El 80% del éxito consiste en hacerse presente.
Woody Allen

La diferencia entre éxito y progreso es muy pequeña.

A una persona se le considera verdaderamente exitosa cuando comparte su éxito con los demás.

El éxito no siempre da la felicidad,
pero la felicidad siempre trae el éxito.

El éxito se alcanza haciendo, no soñando.

No existe eso de "pequeño éxito", todos los éxitos son grandes.

La medida del éxito no es lo que
tomas del mundo, sino
lo que el mundo recibe de ti.

**Para lograr el éxito,
sé feliz, fiable, fiel,
firme, flexible,
formal, franco,
fresco, fuerte.**

Ha alcanzado el éxito aquél que ha vivido bien, que ha sonreído a menudo y que ha amado mucho; aquél que se ha ganado el respeto de los hombres inteligentes y el amor de los niños; aquél que ha logrado una posición de respeto y ha cumplido con sus deberes; aquél que ha dejado un mundo mejor que el que encontró sembrando la flor más hermosa, creando un poema perfecto o rescatando un alma; aquél que jamás ha dejado de apreciar la belleza del mundo ni de expresarla; aquél que siempre ha buscado lo mejor de los demás y les ha dado lo mejor de sí mismo; aquél cuya vida ha sido una inspiración; aquél cuya memoria es una bendición.

Robert Louis Stevenson

Cuando la oportunidad llama a la puerta, déjala pasar, es una buena amiga del éxito.

El corazón, la mente y el alma deben alcanzar el éxito juntos, de lo contrario el éxito no es verdadero.

Abraza al más pequeño de los éxitos con la misma calidez que al más grande, pues el éxito suele multiplicarse.

Éxito es hacer la elección correcta cuando se te presentan muchas alternativas.

Lo que determina si eres exitoso no es hasta dónde has llegado, sino de dónde vienes y qué has superado para alcanzar el éxito.

Ser bueno en lo que haces no te conduce al éxito, lo que te lleva al éxito es hacer el mejor esfuerzo.

Si haces lo que siempre has hecho, entonces conseguirás lo que siempre has conseguido. El éxito es el resultado de analizarte con toda honestidad y aprender de tus errores.

Éxito es causar un impacto positivo en el mundo; entre más fuerte es el impacto, mayor es el éxito.

Control es mi definición del éxito.

Kenneth Branagh

Lo que ayer te parecía un éxito quizá no te lo parezca mañana, por eso debes estar dispuesto a adaptarte.

Repasa tus metas con frecuencia, no tiene caso que las alcances si no son las correctas.

Por lo general, los éxitos más importantes son generosos, gentiles, genuinos, gloriosos, graduales, gratificantes, gratos.

El éxito no es nada complicado, consiste simplemente en vivir justo como quieres hacerlo.

Perseguir una meta sin detenerse, ése es el secreto del éxito. Pero el éxito, ¿qué es? Para mí, no está en el aplauso del público, sino en la satisfacción del logro.

Anna Pavlova

Puedes ser exitoso las veces que desees, nada más no olvides disfrutar de todos y cada uno de tus éxitos.

Cuenta en cuántas vidas has causado un impacto positivo; entre más alto el número, más exitoso puedes considerarte.

El éxito es una costumbre; los éxitos pequeños y frecuentes conducen a éxitos más grandes.

Arder siempre con esta llama intensa y brillante, conservar este éxtasis, eso es tener éxito en la vida.

Walter Pater

Invita al éxito a tu vida mejorando tus ideas, imaginación, independencia, influencia, inspiración, inteligencia, intensidad, insaciabilidad.

Éxito es hacer lo que te gusta,
y hacerlo bien.

El éxito es contagioso, lo adquieres si te rodeas de gente positiva.

Una historia de éxito real nunca termina.

Mi definición de éxito es vivir una vida que cause mucho placer y poco dolor, y como consecuencia de ese estilo de vida hacer que las personas que te rodean sientan más placer y menos dolor.

Anthony Robbins

No puedes medir tu éxito, pues éste habita en el interior de la vida de aquellas personas a las que ayudas.

No importa qué sendero tomes para llegar al éxito, asegúrate de disfrutar cada paso del camino.

Si buscas el éxito sin entusiasmo siempre encontrarás el fracaso.

El camino seguro al éxito es disfrutar de lo que la vida te ofrece en vez de quejarte de lo que te niega.

El éxito siempre es relativo, nunca absoluto.

Para mí, el éxito significa eficacia, poder compartir mis ideas y mis valores con el mundo, tener la capacidad para transformarlo de manera positiva.

Maxine Hong Kingston

Simplemente sé jovial, jubiloso, juicioso, ¡nunca jactancioso!

El éxito suele estar más cerca cuando más lejos se ve.

El éxito llega con más facilidad cuando te esfuerzas al máximo.

Un buen plan ejecutado con violencia ahora, es mejor que uno perfecto la próxima semana.

General George Patton

Jamás alcanzarás el éxito si haces caso a aquéllos que aseguran que lo que quieres hacer es imposible.

El momento adecuado para comenzar a ser exitoso siempre es ahora.

El florecimiento de un sueño produce el dulce aroma del éxito.

Debo admitir que, en lo personal, evalúo el éxito de un individuo con base en la ayuda que le brinda a su prójimo.

Margaret Mead

Poner el alma y el corazón en todo lo que haces ya es un éxito en sí mismo.

Haz las cosas que te gustan y verás que el éxito te sorprenderá cuando menos lo esperes.

El éxito no discrimina; no importa quién eres o de dónde vienes, tú también puede ser exitoso.

Nunca dejes de ser: inocente, inspirador, instruido, íntegro, intenso, interesante, intrépido.

El éxito no se compra, se gana trabajando.

El éxito es un destino al que se llega por mil caminos diferentes; no importa cuál tomes, siempre y cuando llegues a tu destino al final.

Una gran oportunidad es una pequeña oportunidad que se presenta constantemente.

Analiza cómo lograron el éxito los demás y pregúntate estas dos cosas: ¿Por qué yo no? ¿Por qué no ahora?

El verdadero éxito se alcanza cuando haces algo que consideras difícil, porque si es fácil no te sentirás exitoso aunque lo logres.

Simplemente se trata de que hagas lo que mejor sabes hacer, y no de preocuparte por lo que haga el vecino.

John R. Amos

El éxito reside en comprender la diferencia entre lo que puedes y lo que no puedes hacer, y en decidir hacer bien las cosas que sí sabes hacer.

Éxito es majestuosidad, meticulosidad, misericordia, modestia, mover montañas.

Es muy bueno tener ideas, pero sólo cuando se convierten en acción puedes considerarte exitoso.

Nadie logró el éxito sin arriesgarse primero.

Si tu corazón te dice que ayudes a otra persona, entonces habrás tenido éxito.

La "t" en éxito se refiere a ti, por eso siempre esfuérzate por dar lo mejor de ti.

No son los títulos los que dan honor al hombre, es el hombre quien honra a los títulos.

Spinoza

Utiliza los ladrillos que la gente te lanza para construir un puente al éxito.

El camino hacia el éxito siempre se encuentra en construcción.

“El éxito es un mero asunto de suerte”, eso dicen las personas que no lo han conseguido.

Si tienes dudas di “sí” en vez de “no”; di lo “haré” en vez de “podría hacerlo”, y di “hoy” en vez de “mañana”.

Éxito es saber que hiciste tu mejor esfuerzo para convertirte en la mejor versión de ti mismo.

John Wooden

No importa dónde te encuentres ahora, lo importante es que avances en la dirección correcta.

Atrapa tus sueños con naturalidad, neutralidad, nobleza, novedad.

Al final, el éxito es lo que tú decides que sea. Lo único que importa es cómo lo defines tú, no los demás.

Encuentra el camino

No lo sueñes, vívelo. Una mirada a los diferentes pasos que podemos dar para alcanzar nuestras metas más preciadas.

El primer paso para lograr algo es creer que puedes lograrlo.

No trates de ser *algo*, lucha por ser *alguien*.

A veces, hasta los expertos se equivocan. Escucha los consejos, pero si tienes los ojos puestos en una meta, no aceptes un no por respuesta.

Si no abandonas el juego antes de tiempo, tarde o temprano te encontrarás en el lugar adecuado en el momento justo.

Lo importante no es llegar, sino viajar con esperanza, y el verdadero éxito se logra trabajando.

Robert Louis Stevenson

Persevera, pero no seas necio; si es obvio que algo no está saliendo bien, entonces es hora de que intentes otra cosa.

Es mucho más probable que logres la victoria si eliges tus batallas con cautela.

Atragantarte es mejor que no tener desafíos para alimentarte.

La diligencia es la madre de la buena suerte.

Benjamín Franklin

No importa si ya eres exitoso, siempre puedes ser un poco mejor.

El éxito más satisfactorio es aquél que te dijeron que era imposible lograr.

La fogata hecha con papel produce más luz que calor. Construye el éxito sobre una base firme para que sobreviva a las tormentas que caen de vez en cuando.

Usa el pasado como trampolín, no como pretexto.

Si la fortuna te sonríe, comparte esa sonrisa con los demás.

¿Para qué persigues el éxito si nunca tienes tiempo para disfrutarlo? Procura relajarte y goza de tu éxito de vez en cuando.

La gente está empezando a darse cuenta de que el primer requisito para lograr el éxito en la vida es ser un buen animal.

Herbert Spencer

Obviamente, procura ser obsequioso, observador, obstinado, ocurrente, omnisciente, oportunista, oportuno, optimista, y original siempre.

No permitas que el éxito se te suba a la cabeza, si no tienes los pies en la tierra podrías perder con mucha facilidad lo que tanto trabajo te ha costado lograr.

Si sientes que el éxito es un poco hueco, entonces revisa tus metas y vuelve a empezar. El problema no está en el éxito en sí, sino en los objetivos que decides cumplir.

El carácter determina
si eres exitoso o no.
El carácter es más
importante que la
destreza o la inteligencia.

Lo mejor es enemigo de lo bueno.

El golpe constante rompe la roca.

Proverbio galés

No culpes a la mala suerte de los tragos amargos, mejor analiza por qué fracasaste. Si culpas a la mala suerte de tus derrotas, entonces tendrás que aceptar que debes tus victorias a la buena suerte. La persona exitosa es la que aprende a ser responsable de su vida.

Recuerda, es bueno fracasar de vez en cuando, así aumenta tu sed de éxito.

Sé amable contigo, de lo contrario crearás obstáculos para tu éxito.

Para ganar la guerra, tendrás que perder algunas batallas.

Piensa cuál sería tu epitafio perfecto, eso te indicará qué es lo más importante para ti en la vida.

Siempre cuenta con un plan de respaldo.

Escucha lo que dice tu corazón, no las opiniones despreciativas de los demás.

Lo más difícil del éxito es que debes seguir siendo exitoso.

Irving Berlin

Muchas personas tienen buenas ideas, pero aprender a convertirlas en acción es lo que te conduce al éxito.

Haz que cada momento cuente, el tiempo perdido aleja a tus sueños del éxito.

Varios estudios han demostrado que el desempeño de los trabajadores mejora cuando se les ofrecen incentivos a cambio de una mayor productividad. Regálate un "bono" si consigues vencer un desafío, un poco de autocomplacencia te motivará para que lo logres.

Casi todas las personas exitosas que conozco son aquéllas que escuchan más y hablan menos.

Bernard Baruch

Hacer poco, pero hacerlo bien, es mejor que intentar hacer algo grande y hacerlo mal.

Perfecciona tu paciencia, pasión, perseverancia, persistencia, personalidad, planeación, popularidad, pragmatismo, preparación, productividad, puntualidad.

Todos tenemos un sitio en el mundo. Si encuentras el tuyo, lo más probable es que consigas el éxito.

Si te preparas constantemente, nadie podrá vencerte.

Entre más alto llegas, más fuerte es la caída.

Bob Fitzsimmons

Es muy difícil que logres el éxito solo, por eso construye redes y no dejes que el orgullo te impida pedir ayuda de vez en cuando.

Sólo los crédulos piensan que saben todo. Aceptar el hecho de que tienes mucho que aprender es un paso al éxito.

Aquéllos que fracasan tienden a creer en la suerte; los exitosos creen en la ley de causa y efecto.

Si no sabes adónde te diriges, terminarás en donde nunca quisiste estar.

Ten cuidado con las personas que a cambio de un pago te prometen el éxito fácil. Si no crees en algo, entonces te dejarás llevar por lo que sea.

El éxito puede conducir a la complacencia, y ésta suele llevar al fracaso. Siéntete orgulloso de tus éxitos, pero asegúrate de que sean el incentivo para lograr cosas más grandes.

Si no fuerzas las cosas, siempre tendrás éxito.

Puedes creer que puedes, o puedes creer que no puedes; de cualquier forma, estás en lo correcto.

No puedes subir la escalera del éxito con las manos en los bolsillos.

A quien se le da mucho, se le exige mucho.

John F. Kennedy

Regodéate de tu radicalismo, racionalidad, razonamiento, realidad, rebeldía, receptividad, rejuvenecimiento, relevancia, resistencia, resolución, respetabilidad, responsabilidad, rigor, romanticismo.

El tiempo más rápido registrado en el maratón de los Juegos Olímpicos de 1896 fue menos de un minuto mayor al tiempo de entrada requerido en muchos maratones modernos. La mejoría no es el resultado de que la gente de esta época sea físicamente más veloz, sino de un mejor entrenamiento y de niveles más altos de dedicación. Practica y trabaja arduo, así conseguirás el éxito.

Simplifica cuando puedas. Complicarse en exceso hace que todo parezca más difícil de lograrse.

Temerle al fracaso es fallar incluso antes de haber comenzado.

Si pierdes de vista la pelota, terminarás con un ojo morado y sin pelota.

Para tener éxito, debes formar parte del vasto y rico tapiz de la humanidad. No importa que seas un simple hilo, pero lucha por ser un hilo de oro puro.

Hasta Superman tiene que volver a ser Clark Kent de vez en cuando.

Si no haces las cosas con el corazón, entonces jamás lograrás hacerlas bien.

Nadie espera que seas perfecto, pero si arreglas las cosas cuando salen mal y aprendes de la experiencia, te volverás aún mejor en lo que haces.

Sé humilde, el mundo no gira a tu alrededor.

Prepárate para el hecho de que tendrás que superar muchos obstáculos y que cuando lo hagas, a los demás no les interesará qué camino tomaste. Lo único que verán será si lo conseguiste; así que felicítate por lo duro que trabajaste para lograr el éxito.

Antes de que siembres la semilla de la victoria, comprueba que el suelo sea fértil.

Cada una de las personas que logramos el éxito lo hacemos porque siempre hay alguien que nos indica dónde está la salida. La luz no siempre tiene que estar en la familia; en mi caso, la escuela y mis profesores fueron mi luz.

Oprah Winfrey

La gente exitosa demuestra sabiduría, sacrificio, sagacidad, satisfacción, seducción, serenidad, sinceridad, singularidad, sofisticación, suficiencia y sutileza.

Si te aferras a una oportunidad, entonces ésta te conducirá a muchas más oportunidades.

Convierte al éxito en tu amigo, no en tu dios.

Ama tu trabajo, no al éxito que pueda brindarte o no.

Lo difícil puede transformarse en fácil con la mentalidad adecuada.

Una persona cariñosa es
más admirada que una
exitosa, no sacrifiques
el amor por el éxito.

Disfruta del aroma de la rosa en vez de quejarte de las espinas.

Cambia, y cambia de nuevo; si no cambias constantemente, entonces algo estás haciendo mal.

Si tienes que tomar decisiones difíciles, repítete que ya sabes qué hacer. Es cuestión de tiempo para que te hable el corazón.

Cuando se haya completado el trabajo de los mejores líderes, la gente dirá: "lo hicimos nosotros".

Lao-Tsé

No sabes si el camino que recorrerás es largo o corto, pero tiene que empezar con un paso pequeño.

Lograrás el éxito sólo si eres despiadadamente honesto contigo mismo.

Nunca pises a los demás en tu desesperación por alcanzar las estrellas.

La calidad de tus obras es más importante que la cantidad.

Cosas buenas les suceden a aquéllos que lo intentan, y vuelven a intentarlo.

Procura distinguir entre lo que quieres y lo que realmente necesitas. Es mucho más probable que logres el éxito si te concentras en lo que necesitas.

Cuando parece que nada es suficiente, observo cómo el picapedrero martilla la roca quizá unas cien veces sin lograr mucho más que apenas una grieta; sin embargo, al golpe 101, la piedra se parte en dos, y entonces entiendo que no fue por ese golpe, sino por todo el trabajo previo.

Jacob August Riis

Es fácil que te engañes y creas que hiciste tu mejor esfuerzo, pero jamás conseguirás convencerte de que lo lograste.

Por lo general, cuando les das ánimo a los demás resulta que también te das ánimo a ti.

No hacer más de lo normal es lo que limita a la normalidad.

William M. Winans

Para alcanzar el éxito, procura practicar tacto, talento, tenacidad, tesonería, temperancia, temple, tolerancia, tranquilidad, transparencia, triunfo.

Sé como el árbol que se dobla con el viento, pero cuyas raíces están bien enterradas en el suelo.

Si te caes siete veces, levántate ocho.

Lo que hacemos por los demás es lo que verdaderamente vale la pena.

Gasta menos de lo que ganas. Contar con un “fondo de emergencia” te ayudará en las épocas difíciles.

Ayuda a los demás a conseguir
lo que desean, y entonces
descubrirás que tú también
logras lo que quieres.

Haz una lista con los nombres de las personas exitosas a las que admiras, ya sean amigos, vecinos o celebridades. Aprende con su ejemplo y escucha sus consejos.

¡Sonríe! La gente se abre con más facilidad cuando ve un rostro amigable.

Sé excelente en lo que haces y ten la paciencia suficiente para no dejar de hacerlo y sin duda llegará el éxito.

No hay "vientos malos" si sabes colocar bien las velas.

No escatimes en cumplidos, es más probable que la gente ayude cuando siente que aprecian sus esfuerzos.

La sana competencia con los demás te impulsa hacia mayores alturas, pero no te enganches en enemistades insignificantes.

Sé que el precio del éxito es la dedicación, el trabajo arduo y la devoción constante a las cosas que quieres que sucedan.

Frank Lloyd Wright

Recuerda que la vida es corta y, en general, el éxito que alcances será pasajero. Aprecia cada momento.

Una persona exitosa sabe que bailas según la música que suene.

Entrega lo mejor de ti a los demás y, a cambio, los demás te darán lo mejor de ellos.

Trata y sorpréndete con lo que puedes lograr.

Está bien que tengas estándares altos, pero fíjate que también sean realistas.

Ser responsable de tus actos es un trabajo de tiempo completo, no trabajes doble turno como juez de los demás.

Aprende a controlar tu temperamento, enojándote con la vida sólo conseguirás que los problemas parezcan más difíciles de resolver.

La vida no es un ensayo, procura que tus sueños ocupen el papel principal.

Lo buenos líderes primero son buenos sirvientes.

Robert Greenleaf

Imagina que eres exitoso. Si sientes, tocas y pruebas el éxito en tu mente, entonces estás a medio camino de vivirlo en la realidad.

Colabora todo lo que puedas, siempre que puedas.

Haz un esfuerzo por aprender y recordar los nombres de las personas que conoces. Si demuestras interés por los demás, descubrirás que tu camino al éxito es mucho más sencillo.

Compréndete y sé: ufano, urbano, útil, ultraconfiable, ultradecidido.

No importa que estés muy ocupado, siempre recuerda que nada pierdes con ser cortés.

Levántate de la cama en la mañana. En cuanto te despiertes, adopta una actitud positiva y entusiasta. Esfuérzate por conservar esa actitud a lo largo del día.

Confía en ti. Si no lo haces, entonces ¿cómo esperas que los demás lo hagan?

Haz lo que dices que vas a hacer cuando dices que vas a hacerlo.

Fíjate metas todos los días y recuérdalas cada dos horas. Es sumamente fácil desviarse y perder la concentración.

Sal de tu zona de confort. No importa qué elijas, pero oblígate a hacer cosas que no acostumbras de vez en cuando. Es necesario arriesgarse para lograr el éxito.

Lleva un diario. Anota lo que sucedió durante el día, y si lo que pasó te acercó o te alejó del éxito.

Analiza a la gente exitosa, no puedes ganar si no comprendes las reglas del juego.

Sueña, pero no sueñes despierto. Date tiempo para relajarte, pero no te permitas distracciones cuando tienes que estar trabajando.

Todos desconfiamos de nosotros mismos de cuando en cuando. Ser valiente es superar el miedo, no fingir que no lo sientes.

El que se atreve, gana.

Lema del Servicio Aéreo Especial del ejército británico

Atrae a tu opuesto. Si encuentras un amigo o una pareja con habilidades y talentos que tú no tienes, entonces ambos pueden salir beneficiados si trabajan juntos, en equipo.

Comenzar de cero no es lo mismo que tirar la toalla. Nunca te rindas, pero prepárate para adoptar una visión radicalmente diferente si la actual no está llevándote a ningún lado.

Canaliza tu pasión. Tu luz debe brillar como un láser, no como un foco.

No permitas que el éxito te absorba tanto, que dejes de ser un buen amigo. Los amigos son aliados que te apresuran en tu camino al éxito.

La voluntad de conquistar es la primera condición de la victoria.

Marshal Foch

Si sientes que no requieres de mucho valor para luchar por lo que deseas, entonces es posible que estés haciendo algo mal.

No hay nada más valioso que la vida, no les des el control de la tuya a otras personas.

Todo pasa, y más temprano que tarde. Aprecia las buenas épocas, y en los malos tiempos recuérdate que ésos, también pasarán.

El éxito es más permanente cuando lo alcanzas sin destruir tus principios.

Walter Cronkite

La fórmula del éxito es esperanza más determinación.

Gana el éxito con asombro, atención, deseo, desenfreno, disposición, calidez, ganas, integridad, mérito, sabiduría, sensatez, voluntad, y trabajo, trabajo, trabajo.

El corazón del éxito

El éxito jamás se logra completamente por, o para, un individuo. ¿Cómo creamos relaciones exitosas con los demás, ya sean pareja, amigos, familiares o aquellas personas que conocemos por primera vez?

El arte del amor es en gran medida
el arte de la perseverancia.

Albert Ellis

Una buena pareja reduce tus miedos a la mitad y duplica tu alegría.

Sé la clase de persona con la que te gustaría estar.

No vale la pena alcanzar el éxito si no tienes seres queridos con quienes compartirlo.

Siempre es más fácil perdonar a un enemigo que a una persona que amamos, pero debemos aprender a perdonarlos a ambos para que tengamos relaciones exitosas.

Mi esposa ha sido mi mejor amiga y mi consejera más cercana, y… no es una persona a la que le agrade la fama o incluso que mi incursión en la política la enloquezca, lo que funciona como un buen freno para mí en la realidad. Cuando llego a casa, sólo me pide que sea un buen padre y un buen esposo, todo lo demás es secundario.

Barack Obama

Existen millones de formas de decirle a la gente que la amas, busca una nueva cada día.

La pasión se acaba, pero el respeto, la confianza y la amistad permanecen.

Los pilares de una familia sólida son el amor y el compromiso.

El desamor es la manera en la que la naturaleza te protege de una pareja que no es para ti.

Lo principal en un matrimonio feliz no es el grado de compatibilidad entre la pareja, sino cómo resuelven la incompatibilidad.

George Levinger

El verdadero amor es aceptar a la otra persona como es, en vez de intentar transformarla en la persona que nos gustaría que fuera idealmente.

Si quieres pescar el amor, usa el corazón, y no la cabeza, como carnada.

Mark Twain

Entre más fuerte te aferres al desamor del pasado, menos capaz serás de acoger a los amores del futuro.

Así como amas las cosas que tienes en común con los demás, aprende a amar las diferencias que existen entre ustedes.

Los niños aprenden las cosas importantes de una sola manera: con el ejemplo.

La forma más rápida de lograr que una persona se interese en ti es demostrarle que estás verdaderamente interesado en ella.

Amar y educar a los niños contra toda probabilidad es, en cualquier momento y en cualquier lugar, mucho más eficaz que poner cerrojos en los autos o diseñar armas nucleares.

Marilyn French

De boca de los niños no siempre se escuchan cosas sabias, pero ¡sí la verdad!

Amar no es recibir nada más; aprender a dar es vital para una buena relación.

El débil guarda rencor, el fuerte perdona.

Ningún camino es demasiado largo si se recorre bien acompañado.

La causa de separación más común entre las parejas es que confunden amor con lujuria.

Las familias siempre demuestran una impresionante resistencia… su fortaleza se parece a la elasticidad de una telaraña, al hábil vuelo de una gaviota que se deja llevar por el viento, al poder de regeneración de la hierba perenne, a la cooperación de una colonia de hormigas, y a la resistencia de las rocas de un cañón que esculpe el agua. Ésa no es la fortaleza de los monumentos inalterables, sino la de los organismos vivos. La resistencia no se mide según la riqueza, la fuerza o la eficiencia, sino por la creatividad, la unidad y la fe.

Ben Silliman

Las familias más felices son
aquéllas que comparten su
felicidad con otras familias.

Tus amigos son aquéllos que disfrutan de tu compañía, tus seres queridos son esos cuya ausencia no imaginas.

El éxito de un matrimonio no radica nada más en encontrar a la pareja ideal, sino en ser la pareja ideal.

Barnett R. Brickner

No te apresures en llenar los silencios, no todos son incómodos. A veces, compartir el silencio es tan gratificante como compartir una conversación.

No dejes de luchar por una relación sólo porque no es perfecta. Todas las parejas tienen altas y bajas, y mientras las altas superen a las bajas vale la pena seguir intentándolo.

Nunca se vayan a la cama enojados.

Aprende de las separaciones de las relaciones pasadas, pero no te claves en ellas. Ve cada nueva relación como una hoja en blanco.

Para poner al mundo en orden, primero debemos poner en orden al país; para poner al país en orden, primero debemos poner en orden a la familia; para poner a la familia en orden, primero debemos cultivar nuestra vida personal; y para cultivar nuestra vida personal, primero debemos poner en orden a nuestro corazón.

Confucio

El secreto de un matrimonio feliz sigue siendo un secreto; cada pareja debe encontrar sus respuestas y buscar la manera de estar juntos.

La pasión une a la gente, pero la pasión en sí misma no basta para mantenerla unida.

Casi nadie es lo bastante ingenuo para suponer que merece el éxito inmediato en cualquier campo de desarrollo; sin embargo, casi todos creen que se merecen el éxito automático en el matrimonio.

Sydney J. Harris

No importa cuántos años tengas, el amor siempre es joven.

El amor verdadero es no criticar.

Todo lo que haces determina la clase de mundo en el que tus hijos vivirán un día.

Nadie te lee la mente, así que expresa tus deseos con claridad y constancia.

No importa qué suceda, siempre que amas a alguien, creces; y cada vez que te reprimes, te apagas.

Es mejor hospedar a un buen desconocido, que a un mal hermano.

Proverbio africano

No existe una sola persona viva que no deba su existencia a la generosidad de otro ser humano.

Amar a alguien es dejarlo que sea él mismo.

Jamás podrás estar felizmente casado con otra persona hasta que te divorcies de ti mismo. Un matrimonio exitoso exige la muerte del yo hasta cierto punto.

Jerry McCant

El amor necesita honestidad, así como las plantas necesitan al Sol.

No te alejes de tus amigos cuando te enamores, mejor invítalos a compartir tu felicidad.

Es fácil imaginar que los demás tienen relaciones más felices que la tuya. Nada más recuerda que ninguna relación es perfecta y la gente no siempre es tan feliz como parece.

El matrimonio es como la vida,
se vuelve desalentador, inútil y
un poco vacío cuando está bien
ordenado, protegido y resguardado.
¿No es mejor, más espléndido,
más estimulante cuando es,
como la vida misma, una mezcla
de sordidez y gloria; de barro y
estrellas; de tierra y flores; de
amor y odio; de risas y lágrimas;
de fealdad y belleza y dolor?

Edna Ferber

Ama a tus padres, ellos contribuyeron a hacer de ti lo que eres ahora.

Amor es sentirte más tú cuando estás con otra persona que cuando estás solo.

Para comprometerse se necesita valor, pero es la única manera de construir un amor duradero.

Ámame cuando menos lo merezco porque es cuando más lo necesito.

Proverbio sueco

Aquéllos que resuelven el crucigrama del amor son los que se cuestionan a sí mismos, no a los demás.

Deberías revisar el saldo de tu trabajo-vida con la misma atención con la que revisas el saldo de tu cuenta bancaria.

Come y bebe con tus familiares; haz negocios con desconocidos.

Yo creo que nuestros éxitos no pueden competir con los de Nuestra Señora de Lourdes. Existe mucha más gente que cree en los milagros de la Virgen que en la existencia del inconsciente.

Sigmund Freud

Ni todo el amor del mundo te dará la felicidad si primero no aprendes a amarte a ti mismo.

Tu verdadera riqueza está en tus relaciones, no en tus posesiones.

Trabajo con gente maravillosa que me brinda su apoyo. Y soy de la creencia que el negocio debe servir a la familia y no la familia al negocio.

Kathy Ireland

No abandones una relación hasta que hayas intentado todo lo imaginable para componer lo que está mal.

Para que el amor sea un éxito, debe ser capaz de superar los fracasos.

Sólo el amor romántico es exclusivo; puedes amar a muchas personas, si las amas de diferente manera.

No necesitamos poder o esplendor, una sala grande o una cúpula impresionante; la riqueza de un hogar reside en la bondad, la verdad y el cariño.

Sarah J. Hale

La definición de amor de una persona en particular es tan válida como la de los demás.

No trates de impresionar a los demás; la mejor impresión la causas demostrando tu honestidad a la gente.

Cuando el amor se desarrolla y crece, tú también lo haces.

Generar un ingreso decente gracias al uso de tus capacidades, te brinda una sensación de libertad y te permite equilibrar tu vida a tu gusto.

Anita Roddick

A veces, amor es darle un suave codazo a tu pareja.

Siempre hay deseo en el amor, pero
no siempre amor en el deseo.

Jamás intentes encarcelar a la persona que amas en los muros de los celos.

Un hombre no puede hacerse un lugar en el Sol si insiste en refugiarse bajo el árbol genealógico.

Helen Keller

Con el tiempo, todos perdemos la belleza física, pero el amor reconoce la belleza interna que renace constantemente.

Procura involucrar a tus hijos en las decisiones importantes, ellos suelen ofrecer una perspectiva diferente y fresca.

El amor debería ser la principal motivación de todo lo que haces.

Todas las cicatrices, de cualquier naturaleza, son hermosas. La cicatriz significa que el dolor ya pasó, que la herida ya cerró, sanó y ya se superó.

Harry Crews

La profundidad
de tus relaciones
es más importante
que la cantidad.

La familia es uno de los milagros más grandes de la naturaleza.

Debes sentirte feliz con lo que eres para poder hacer felices a los demás.

Dale prioridad sobre todo lo demás al tiempo que dedicas a tu familia.

La decisión de tener un hijo es crucial, porque decides que tu corazón caminará fuera de tu cuerpo por el resto de tu vida.

Elizabeth Stone

Caminar con la persona que amas te deja una sensación de renovación y de inspiración, aunque sólo hayan caminado a la tienda de la esquina.

Nunca permitas que el trabajo se interponga entre tus seres amados y tú.

No hay nada perfecto en el amor; amar es compartir y apreciar las imperfecciones.

Amo a la gente, amo a mis hijos, a mi familia… pero en mi interior hay un espacio donde vivo sola y es justo donde se renuevan los manantiales que nunca se secan.

Pearl S. Buck

Encontrar un nuevo amigo verdadero es uno de los mayores éxitos de la vida.

Y no pienses en dirigir los caminos del amor, es el amor quien si te encuentra digno dirigirá tus caminos.

Khalil Gibrán

Los extraños son amigos que aún no has conocido, haz un esfuerzo y habla cuando menos con una persona nueva todos los días.

En la vida familiar, el amor es el aceite que alivia la fricción, el cemento que los une a todos, y la música que genera armonía.

Eva Burrows

Habla con los seres que amas. Aunque sientas que no eres elocuente, es importante que mantengas la mejor comunicación posible.

Si cuando menos una persona se preocupa sincera y profundamente por ti, entonces puedes considerarte exitoso.

Ser adultos responsables ya no es un asunto de que si los niños ponen el pijama en su lugar o si colocan la ropa sucia en el cesto, sino de enseñarles a que se preocupen por ellos y por los demás; de que entiendan que las labores diarias están relacionadas con el trato que le damos a este planeta.

Eda LeShan

La mente no comprende al amor verdadero; escucha a tu corazón, él sabe la respuesta correcta.

Proveer a tu familia no es nada más llevarles la comida a la mesa, también es dibujarles sonrisas en sus rostros.

Aquéllos que andan en busca del amor sólo manifiestan su propio desamor, y el que no tiene amor nunca encuentra el amor. Sólo el que ama lo halla y nunca tiene que buscarlo.

D. H. Lawrence

Trabaja para vivir, no vivas para trabajar.

No te cases con la persona con la que crees que puedes vivir, cásate con aquélla sin la cual no puedas vivir.

James C. Dobson

Tus hijos pueden enseñarte muchas cosas sobre la vida, si se los permites.

Ten paciencia cuando comiences una nueva relación; a veces, el amor crece despacio y en silencio, como las raíces de un árbol.

Si cada año le haces una revisión a tu auto para que siga funcionando bien, ¿por qué no haces lo mismo con tus relaciones?

No es la carne y la sangre, sino el corazón, lo que nos hace padres e hijos.

Friedrich Schiller

No permitas que la vida familiar se convierta en rutina, hagan cuando menos una cosa diferente todos los días.

Nunca es demasiado tarde para enamorarse.

No está mal que, de vez en cuando y con educación, los niños pongan a sus padres en su sitio.

Colette

El amor permanece mucho más tiempo después de que se haya apagado el éxito.

Los momentos más felices de mi vida han sido los pocos que he pasado en casa, en el seno de mi familia.

Thomas Jefferson

La familia que comparte risas permanece unida.

La familia es la brújula que nos guía, es la inspiración para alcanzar metas más altas, y el consuelo cuando flaqueamos de vez en cuando.

Brad Henry

Una casa no es un hogar hasta que se llena de amor.

Uno no elige a la familia, así que respeta y celebra las diferencias que existen entre ustedes y no permitas que los separen.

Date un espacio para reunirte con los viejos amigos; entre más tiempo pasa, más difícil resulta conectarse con ellos.

A todas las personas que conoces dales el beneficio de la duda, aunque sea una vez.

A los individuos atractivos se les trata mejor que a los feos prácticamente en toda situación social, desde una cita romántica hasta un juicio con jurado.

Martha Beck

Respeta a la gente que amas, incluso cuando no estés de acuerdo con ellos.

Cuando los fuegos pirotécnicos de la pasión se apaguen, recuerda que el cielo también es hermoso.

El servicio social quizá más importante que cualquier persona puede prestar a este país y a la humanidad es formar una familia.

George Bernard Shaw

Pon a los demás primero que a ti y te devolverán el favor.

Haz una lista con algunas cosas que los hagan felices a ti y a tus seres queridos, y luego busca la manera de incluirlas en su rutina diaria.

La moderación es admirable en muchas áreas, pero jamás seas moderado cuando se trata de amor.

Deja de buscar a la persona perfecta y aprende a valorar las cosas buenas de la gente imperfecta que ya conoces.

El vínculo que te une a tu verdadera familia no es el de la sangre, es el del respeto, y la alegría que sientes por su vida y ellos por la tuya. Muy pocas veces los miembros de una familia crecen bajo el mismo techo.

Richard Bach

Cuando el amor es honesto, ninguno de los involucrados lleva un registro de las pérdidas ni de las ganancias.

Cada noche, comparte con tu pareja una experiencia alegre que hayas tenido durante el día.

No permitas que el temor a perder a la persona que amas te impida que entregues todo en la relación.

Para ganar en el amor, siempre debes ponerte en segundo lugar.

La mayor enfermedad
es sentirse abandonado
por todos.
Madre Teresa

**La verdadera unión
entre dos seres humanos
los fortalece a ambos
enormemente.**

Si sueñas que tu éxito es ayudar a los demás y no a ti mismo, entonces es mucho más probable que alcances el éxito.

Perdemos el tiempo buscando al amante perfecto, en vez de crear el amor perfecto.

Tom Robbins

El amor es la espiral
ascendente de dos personas
que constantemente sacan
lo mejor el uno del otro.

Una sociedad resplandece
cuando los ancianos siembran
árboles conscientes de que su
sombra jamás los protegerá.

Proverbio griego

Éxito en el trabajo

El éxito se logra trabajando duro, pero ¿cómo sabemos que nuestra actividad nos acerca cada vez más a nuestros sueños?

Hay dos clases de personas, las que hacen el trabajo y las que se llevan el mérito. Procura pertenecer al primer grupo, hay menos competencia ahí.

Indira Gandhi

Siéntete orgulloso de tu trabajo, no importa lo insignificante que parezca la tarea.

En cuanto llegues a casa, quítate la ropa con la que fuiste a trabajar, así podrás desconectarte y relajarte.

No te desanimes si de vez en cuando no consigues mantenerte. El director de cine James Cameron tuvo que usar los cupones de 2 x 1 de McDonald's que le envió su mamá en alguna ocasión.

Busca un sitio tranquilo en tu lugar de trabajo y visítalo con frecuencia para que recargues la pila.

La persona que empieza con la idea de que se hará millonaria, no logrará el éxito; hay que tener ambiciones más grandes. No existe ningún misterio en el triunfo comercial. Si realizas con éxito las labores de todos los días, si permaneces fiel a las operaciones naturales de las leyes comerciales de las que tanto hablo, y si conservas la mente despejada, te irá muy bien.

J. D. Rockefeller

En la medida de lo posible, discute de frente los problemas que surgen en un proyecto, en vez de avisar que existen dificultades a través de correos electrónicos o correos de voz.

Procura conocer un poco sobre los intereses de tus colegas fuera del trabajo. Establecer vínculos sencillos con los demás les servirá a todos para trabajar juntos de manera más eficaz.

No te preocupes por las dificultades del trabajo fuera de la oficina, porque si no te das tiempo para relajarte lo único que conseguirás será empeorar los problemas.

Nunca luché de manera consciente por el éxito mundano; pero cuando descubrí que lo tenía, confieso que me dio terror perderlo.

Gilbert Harding

El trabajo debe ser importante para ti, pero si es lo más importante en tu vida, entonces algo anda mal.

Cuando sientas que no disfrutas tu trabajo, recuérdate que estás haciendo algo necesario para una futura diversión.

No menosprecies a aquéllos que ganan menos que tú. Trata con respeto a toda la gente que conoces y, a cambio, ellos también te respetarán.

Todos queremos hacer lo que nos gusta, aunque a veces eso significa hacer cosas que no nos gustan.

No dejes de taladrar y un día lo lograrás: Harrison Ford alguna vez fue carpintero.

El problema con las carreras de ratas es que aunque ganes, sigues siendo una rata.

Lily Tomlin

Un éxito en ventas es la tumba de oro de un talento mediocre.

Logan Pearsall Smith

La mejor manera de hacerte notar es permitir que la calidad de tu trabajo hable por sí misma.

No pierdas el tiempo en el trayecto de tu casa al trabajo, úsalo para leer, aprender un idioma o adquirir un nuevo talento.

Jamás desquites tus frustraciones laborales en tus seres queridos.

El compromiso individual con el trabajo en equipo es lo que hace funcionar a un grupo, a una compañía, a una sociedad, a una civilización.

Vince Lombardi

Regalarles dinero u obsequios a tus seres queridos no es tan importante como darles el regalo de tu presencia.

El dinero no compra la felicidad. No renuncies a un empleo que de verdad disfrutas sólo para ganar más dinero.

Todo el mundo puede tener sentido común si se carece de imaginación.

Oscar Wilde

No consideres a tus colegas como rivales, sino como miembros de tu mismo equipo; el éxito que se comparte con los demás es el más dulce de todos.

Saca el mayor provecho de cualquier situación en la que te encuentres. Whoopie Goldberg trabajó en una funeraria maquillando cadáveres.

No te excedas, ¿de qué sirve que consigas el éxito a los 39 si te mueres a los 40?

Cuando recibas una gratificación inesperada, dona una parte. No extrañarás el dinero de tu gratificación, y te sentirás bien contigo mismo.

Entre más dinero quieres, más trabajo te cuesta conseguirlo.

Mike Tatum

De vez en cuando, cambia la ruta que tomas para ir al trabajo. Romper la rutina te ayuda a que funciones con mayor eficiencia.

Celebra el aniversario de tu compañía o la fecha en la que comenzaste a trabajar en tu empleo actual.

De aquél que opina que el dinero puede hacerlo todo, cabe sospechar con fundamento que será capaz de hacer cualquier cosa por dinero.

Benjamín Franklin

Si eres repartidor, pronto progresarás. Sean Connery empezó trabajando como lechero.

Si vale la pena hacer un trabajo, vale la pena hacerlo bien.

Si estás desempleado, encontrarás buena compañía. John Steinbeck, Quentin Tarantino, Larry King e infinidad de personas exitosas han estado desempleadas al mismo tiempo.

Valora las opiniones de las personas que tienen más experiencia que tú.

Reduce al mínimo las distracciones en el sitio de trabajo. Un espacio limpio aumenta la eficiencia.

Pensar, como todos pensamos, que si fuéramos millonarios no nos comportaríamos como los millonarios, es como decir que podríamos beber todo el día sin emborracharnos.

L. P. Smith

El éxito no es el resultado de ganar dinero, ganar dinero es el resultado del éxito.

Earl Nightingale

No tengas miedo a cambiar radicalmente de carrera si es lo que de verdad deseas. El actor de Hollywood Christopher Walken era domador de leones en un circo.

No te involucres en los chismes de la oficina, concéntrate en lo que es realmente importante.

De vez en cuando, levanta la vista de lo que estás haciendo y mira al cielo. Recuérdate tus sueños y por qué estás trabajando.

Con dinero compras una casa, pero no un hogar.

Proverbio chino

¿No te sientes cómodo en tu trabajo actual? Rod Stewart alguna vez trabajó como sepulturero.

Entre más te valores, más valioso serás para los demás.

El hogar es donde está tu corazón; sí, pero también lleva el corazón a la oficina.

La manera más común de los hombres inteligentes de irse a la quiebra es prestando dinero.

Warren Buffet

No hay elevador que conduzca al éxito, debes subir por las escaleras.

Jamás sabotees los sueños de los demás para facilitarte el éxito.

El éxito en el trabajo, como el éxito en la vida, depende de cientos de pequeños pasos.

Si puedes, prueba trabajando en diferentes horas del día; algunas personas son "alondras" por naturaleza, y otras son "búhos".

Cuando te pese ir a trabajar, es momento de cambiar de empleo.

No critiques a los demás porque no trabajan duro, ponles el ejemplo.

Nunca he sido pobre, sólo insolvente. Ser pobre es un estado de ánimo, ser insolvente es un estado pasajero.

Mike Todd

El individuo que está en la cima no siempre es el más exitoso.

Cuando te pidan tu opinión, responde clara y honestamente, no intentes adivinar qué quisiera escuchar la otra persona.

Habrás llegado al pináculo del éxito en el momento que hayas dejado de interesarte en el dinero, los halagos o la publicidad.

Thomas Wolfe

Si sientes que tu empleo actual no está a tu altura, recuerda que todos tenemos que empezar por algún lado.

Dedico todo mi genio a mi vida, y sólo dedico mi talento a mis obras.

Oscar Wilde

Si el clima es agradable, dirígete al trabajo caminando. Te sorprenderá cuánto te animarán el panorama y los aromas.

Alguna vez, Brad Pitt se ganó la vida bailando disfrazado de gallina. ¡El único camino es hacia arriba!

Si dos hermanos pelean por las tierras de su madre, un desconocido disfrutará de su sudor y de su trabajo.

Proverbio africano

El espíritu del éxito

¿Por qué algunas personas, que parecen exitosas, se sienten vacías y perdidas cuando están a punto de lograr sus metas? ¿Cómo conservamos el equilibrio interno al mismo tiempo que luchamos para ser aún mejores en lo que hacemos?

La persona que valora más sus privilegios que sus principios en poco tiempo pierde ambos.

Dwight D. Eisenhower

Una vela no pierde nada si ilumina a otra.

Eres exitoso si le das más al mundo de lo que el mundo te da.

Otro mundo no sólo es posible, está en camino. En los días tranquilos, lo escucho respirar.

Arundhati Roy

En vez de buscar motivos para no hacerlo, encuentra motivos para hacerlo.

Te sentirás bien si primero haces el bien.

El espíritu siempre es joven, no importa cuántos años tenga el cuerpo.

¿Por qué vivimos con tanta prisa y desperdiciando todo? Estamos decididos a morir de hambre incluso antes de sentir hambre. Los hombres dicen que más vale prevenir que lamentar, y por eso previenen hoy para no lamentar mañana.

Henry David Thoreau

Cada vez que sientas que eres débil, acuérdate de que la perseverancia es más importante que la fortaleza.

Para lograr el éxito debes superar tus miedos, no ignorarlos.

Lo que sucede en el mundo exterior
es mucho menos importante que
lo que sucede en tu interior.

El éxito no conduce al exceso necesariamente, puedes ser feliz y seguir viviendo con modestia.

Hasta que amplíe su círculo de compasión para incluir a todas las cosas vivas, el hombre no encontrará la paz.

Albert Schweitzer

Vive la vida momento por momento, ya que es un regalo que debe disfrutarse.

A la gente le da más miedo pensar en hacer algo, que hacerlo.

La música es el alimento del alma, aliméntate con frecuencia con tus melodías favoritas.

Es más vergonzoso desconfiar de los amigos que ser engañado por ellos.

François de La Rochefoucauld

A veces, no hacer nada puede resultar productivo, limpia las impurezas de la mente.

Cada minuto que crees verdaderamente que puedes volverte exitoso, el éxito está un segundo más cerca.

Resulta sencillo ignorar las chispas de oro que trae la corriente, y así de fácil es pasar por alto los pequeños éxitos y sólo ver el fracaso.

No es signo de buena salud el estar bien adaptado a una sociedad profundamente enferma.

Jiddu Krishnamurti

No olvides divertirte, perdemos rápido el interés en la vida cuando se vuelve aburrida.

La excelencia no es un logro, es un espíritu, un proceso que no tiene fin.

Lawrence M. Miller

Si te sientes triste, haz ejercicio; siempre levanta el ánimo.

La prueba final de un caballero es el respeto que muestra por aquéllos que no tienen ningún valor para él.

William Lyon Phelps

Investiga buenas causas a las que puedas contribuir cuando te vuelvas exitoso. A veces, ayudar a los demás es una motivación más grande que ayudarte a ti.

Después de que te hayas exigido demasiado, relájate. El juego es tan importante como el trabajo.

Algunos individuos fortalecen la sociedad siendo la clase de personas que son.

John W. Garner

No sólo compartas pesares con tus amigos, también comparte las cosas buenas con ellos.

Que tengas que vender tu mano de obra no significa que debas vender tu alma.

La única regla infalible que existe es que el hombre que siempre dice que es un caballero, no lo es.

Robert Smith Surtees

Lo lejos que llegues en la vida depende de lo amable que seas con los jóvenes, de la compasión que tengas por los ancianos, de lo solidario que seas con los que luchan, y de la tolerancia que demuestres con los débiles y los fuertes, porque un día serás uno de ellos.

George Washington Carver

Antes de juzgar a un hombre, camina un kilómetro en sus zapatos.

El éxito siempre es una obra en proceso, así que no te desanimes si a veces sientes que no eres exitoso.

Siempre date tiempo para soñar; los sueños son los planos para construir el éxito.

La fama demuestra que la gente es ingenua.

Ralph Waldo Emerson

Inquieta está la cabeza que lleva la corona.

Shakespeare

Las cosas buenas no les pasan a los que esperan, sino a los que les abren la puerta.

Es imposible andar por la vida sin confianza, es como estar prisionero en la peor celda de todas: uno mismo.

Graham Greene

Lo que crees es menos importante que aquello en lo que "crees" que crees.

Es necesario para la felicidad de un hombre que sea mentalmente fiel a sí mismo.

Thomas Paine

Visualiza el objetivo que más deseas alcanzar como el punto final de un paseo por tu colonia; después, da el paseo y celebra cuando llegues a la línea de meta.

Anota algo positivo que hayas logrado hoy, aunque sea algo pequeño. El éxito pocas veces se presenta en un instante, es el resultado de miles de diminutos pasos hacia delante.

Las mentes apacibles no pueden ser asombradas o atemorizadas, sino que continúan a su propio paso en el éxito o el fracaso, como un reloj durante una tormenta.

Robert Louis Stevenson

Se necesita un solo pensamiento positivo cuando tienes la oportunidad de sobrevivir y prosperar para vencer a todo un ejército de pensamientos negativos.

Robert H. Schulle

Recuerda tus éxitos del pasado y estarás a medio camino de repetirlos.

Escríbeles cartas de agradecimientos a aquéllos que te han ayudado. El tiempo y el esfuerzo que le dediques a esa tarea harán que te sientas bien contigo mismo, lo que significa que habrás recibido ayuda de nuevo.

Sé amable con las personas que te encuentres al subir, quizá te las encuentres cuando bajes.

Construye un castillo de naipes y usa una carta para representar cada uno de los obstáculos que te impiden alcanzar el éxito. Inhala y sopla para derribar el castillo.

Se reconoce a un hombre insensato por estas seis cosas: se enoja sin tener motivo; habla sin conseguir beneficio; cambia sin progresar; investiga sin objetivos; confía en un desconocido; y confunde a un rival con un enemigo.

Proverbio árabe

La mente tiene el poder de cambiar nuestro estado de ánimo. Permite que tu canción favorita sane tus heridas al final de un día difícil.

Si le pones un apodo simpático a tu desafío más difícil, harás que parezca menos intimidatorio.

Es la repetición de afirmaciones lo que conduce a la creencia. Y una vez que la creencia se convierte en una convicción profunda, las cosas comienzan a suceder.

Claude M. Bristol

Pule tus sueños todos
los días hasta que brillen
como diamantes.

La persona exitosa se concentra en el largo plazo, no en el corto.

El secreto del éxito es la constancia en el propósito.

Benjamin Disraeli

No pretendas cambiar al mundo, basta con que cambies tú.

Tómate un momento al final de cada día para relajarte y meditar, así podrás poner los problemas en perspectiva y prepararte para una buena noche.

Acuérdate que no importa que seas pobre, si alguien te quiere, ya eres rico.

Si amas lo que haces, serás exitoso.

Albert Schweitzer

Es mejor estar encadenado con amigos, que en un jardín con desconocidos.

Proverbio africano

Los guías

Consejos de aquellas personas que lograron el éxito, y algunos avisos de quienes no lo consiguieron; sigue sus pasos o forja tu propio camino, la decisión es tuya.

Le tengo pánico al éxito. Lograr el éxito es terminar tu misión en el mundo; como la araña macho, a quien la hembra mata en el instante en el que consigue el cortejo. Prefiero el estado continuo de alcanzar y de tener una meta por delante, no detrás.

George Bernard Shaw

No hay ningún momento en el que digas: "Bueno, ya soy exitosa, puedo tomarme una siesta".

Carrie Fisher

Todos tenemos talento, lo que no es tan común es el valor de perseguirlo al sitio oscuro al que conduce.

Erica Jong

Mi madre me dijo: "Si eres soldado, serás general; si eres sacerdote, te convertirás en Papa". Mejor me hice pintor y terminé siendo Picasso.

Pablo Picasso

Lo difícil del éxito es encontrar
a alguien que se alegre por ti.

Bette Midler

Los mortales no tienen el don de controlar el éxito; pero nosotros conseguiremos más, Sempronio, nos haremos merecedores de él.

Joseph Addison

No esperes a que llegue tu barco, y te enojes y ofendas cuando no lo haga, mejor empieza con algo pequeño.

Irene Kassorla

No me interesa ser el hombre más rico del cementerio. Lo que quiero es irme a la cama por las noches diciendo que hicimos algo maravilloso.

Steve Jobs

Pensé que si lo repetía bastante, convencería al mundo de que sí era el mejor.

Muhammad Ali

La vida es lo que hacemos de ella, siempre ha sido así y siempre lo será.

Anna Mary Robertson Moses

Es muy difícil ser una líder mujer. Aunque se cree que todo hombre, por muy rudo que sea, tiene un lado delicado… piensan que una líder mujer es unidimensional.

Billie Jean King

Te amo, humanidad, porque prefieres lustrar las botas del éxito en vez de indagar qué almas cuelgan de la cadena de su reloj.

E. E. Cummings

El éxito humano, como el fracaso, es el resultado de una acción a la vez y lo consigue una persona a la vez.

Patsy H. Sampson

No dejes de intentar lo que realmente quieres hacer; si tienes amor e inspiración, no puedes estar equivocado.

Ella Fitzgerald

Creo que me equivoco un poco menos que los demás.

Jack Nicklaus

Sigo teniendo los pies en el suelo, sólo que ahora uso mejores zapatos.

Oprah Winfrey

Ves las cosas que son y preguntas: "¿Por qué?", pero yo sueño con las cosas que no fueron y digo: "¿Por qué no?".

George Bernard Shaw

Los fracasos son señalamientos en el camino al éxito.

C. S. Lewis

Creo que nuestra lucha por los símbolos y las palancas del éxito se debe a una inseguridad básica, una necesidad de probarnos a nosotros mismos. Hecho eso, y después de madurar por fin, somos libres de dejar de fingir.

Charles Handy

Quizá te decepciones si fallas, pero estás condenado si no lo intentas.

Beverly Sills

Perseverancia es fracasar 19 veces y conseguirlo en la 20.

Julie Andrews

Las batallas importantes no son ésas en las que recibes una medalla de oro, sino las luchas internas, las invisibles, las inevitables que residen en nuestro interior; ésas sí.

Jesse Owens

Un pájaro no canta porque sepa la respuesta, sino porque sabe la canción.

Maya Angelou

Descubrir algo es ver lo que todos ven y pensar en lo que nadie ha pensado.

Albert Szent-Györgyi

Olvídate de las reglas difíciles y duras. Lo único que importa es la victoria, y ésa no se consigue si cumples con los cánones convencionales.

Sun Tzu

El mayor peligro para muchos de nosotros no es que nuestra meta sea muy alta y no la alancemos, sino que esté muy baja y la cumplamos.

Miguel Ángel

Existe una sola cosa que impide que se cumpla un sueño: el miedo al fracaso.

Paulo Coelho

Uno no elige cómo o cuándo va a morir, pero sí decide cómo va a vivir.

Joan Baez

No pagas el precio del éxito, disfrutas el precio del éxito.

Zig Ziglar

¿Qué hombre está más solo y necesitado que aquél que ha cumplido su sueño?

Brendan Francis

Creo que todo es posible, siempre y cuando te enfoques en ello y le dediques tiempo y trabajo. Pienso que la mente controla todo.

Michael Phelps

Si aspiras al puesto más alto, es honorable que llegues a la segunda o incluso a la tercera posiciones.

Cicerón

Más tardé en fracasar que en encontrarme entre los mejores.

John Keats

Sólo aquellos que se arriesgan a ir muy lejos descubren lo lejos que pueden llegar.

T. S. Eliot

¿Fracaso? No lo conozco, sólo me he encontrado con obstáculos temporales.

Dottie Walters

De todas las palabras tristes que se han escrito y pronunciado, las más lamentables son: "si hubiera".

John Greenleaf Whittier

Primero repítete qué vas a ser, y entonces haz lo que tengas que hacer.

Epicteto

Lo importante no es necesariamente el tamaño del perro en la pelea, sino el tamaño de la pelea en el perro.

Dwight D. Eisenhower

Los hombres hacen menos de lo que deberían, a menos de que hagan todo lo que pueden.

Thomas Carlyle

Sube el primer escalón de la fe.
No tienes que ver toda la escalera,
nada más sube el primer escalón.

Martin Luther King Jr.

Nunca permitas que la inexperiencia
se cruce en el camino de la ambición.

Terry Josephson

Sé como un timbre postal; aférrate a una cosa hasta que la consigas.

Josh Billings

Uno de los mayores descubrimientos de un hombre, una de sus más grandes sorpresas, es comprobar que puede hacer lo que temía que no podía hacer.

Henry Ford

Si te dedicas a trabajar para alcanzar tus metas, tus metas trabajarán para alcanzarte; si te pones a trabajar en tu plan, tu plan se pondrá a trabajar en ti. Las cosas buenas que construimos terminan construyéndonos.

Jim Rohn

Ocúpate en vivir, u ocúpate en morir.

Stephen King

Aunque vayas por el camino correcto, te atropellarán si te quedas sentado.

Will Rogers

Nos tomó mucho tiempo darnos cuenta de que el propósito de la vida, sin importar quién la controla, es amar a los que nos rodean.

Kurt Vonnegut

Usa tus talentos; habría mucho silencio en el bosque si sólo cantaran los pájaros que lo hacen mejor.

Henry Van Dyke

Carácter, en las cosas grandes y las pequeñas, significa hacer lo que te sientes capaz de hacer.

Goethe

Los sueños se hacen realidad; de no ser así, la naturaleza no nos incitaría a tenerlos.

John Updike

Si de todas maneras vas a pensar, piensa en grande.

Donald Trump

Una meta es un sueño con fecha de entrega.

Napoleon Hill

Para lograr lo imposible, es necesario pensar lo impensable.

Tom Robbins

Sólo se vive una vez, pero si lo haces bien, con una es suficiente.

Mae West

Los talentos de las personas exitosas y las fracasadas no varían mucho, la diferencia radica en los deseos de alcanzar su potencial.

John Maxwell

No tengas sueños pequeños, ésos no tienen la fuerza para despertar las almas de los hombres.

Víctor Hugo

No he encontrado mayor satisfacción que alcanzar el éxito a través de una conducta honesta y una estricta fidelidad a la idea de que para que ganes, las personas con las que tratas también deben ganar.

Alan Greenspan

Casi todos nuestros obstáculos desaparecerían si en vez de acobardarnos ante ellos, nos atreviéramos a saltarlos con valentía.

Orison Swett Marden

¿Quieres que te dé la fórmula del éxito? En realidad, es muy sencilla. Duplica tu índice de fracasos. Consideras el fracaso como el enemigo del éxito, pero no es así. El fracaso puede desalentarte o puedes aprender de él, así que adelante, ve a cometer errores. Comete todos los que puedas porque recuerda que allí encontrarás el éxito.

Thomas J. Watson

Señor, concédeme que siempre desee
más de lo que puedo lograr.

Miguel Ángel

La gente exitosa hace mejores
preguntas y como resultado
obtiene mejores respuestas.

Anthony Robbins

**El secreto del éxito es hacer cosas
ordinarias extraordinariamente bien.**

John D. Rockefeller

No te rindas, porque en ese preciso momento es cuando la marea cambia.

Harriet Beecher Stowe

El hombre nace para vivir, no para prepararse para vivir.

Boris Pasternak

Sé paciente contigo. El desarrollo personal es delicado, es terreno sagrado. Es la mejor inversión.

Stephen Covey

"No puedo" no existe, sólo "no quiero". Si tienes talento, lo único que necesitas es un ardiente deseo de lograrlo, de hacer cambios. Ve hacia delante, o hacia atrás, ¡adónde sea necesario! Pero no culpes a los demás ni a la sociedad; todo está en tu mente. Cuando hacemos lo imposible, descubrimos que somos especiales.

Jan Ashford

El conocimiento da peso, pero los logros dan brillo, y mucha gente ve, no pesa.

Conde de Chesterfield

La creación de cosas nuevas no es producto del intelecto, sino del instinto de jugar que actúa por necesidad interna. La mente creativa juega con los objetos que ama.

Carl Jung

Cuando se trata de hacer las cosas, necesitamos menos arquitectos y más albañiles.

Colleen C. Barrett

Nunca olvides estas dos cosas que voy a decirte. Una, no creas todo lo que escriben acerca de ti; dos, no aceptes demasiados cheques.

Babe Ruth

El público es una bestia insensible y tienes que seguir intentándolo lejos de él para que sepa que estás ahí.

Walt Whitman

La política es el arte de lo posible; la creatividad es el arte de lo imposible.

Ben Okri

Debes aprender todos los días, todos los años, para ampliar tu horizonte. Entre más cosas amas, entre más cosas te interesan, entre más cosas disfrutas, entre más cosas te indignan, más cosas te quedan si sucede algo.

Ethel Barrymore

Nuestro miedo más grande no es que seamos inapropiados, sino que nuestro poder sea desmedido. Es nuestra luz, no nuestra oscuridad, la que más nos asusta. Nos preguntamos: "¿quién soy para ser brillante, magnífico, talentoso y fabuloso?". Pero ¿quién eres para no ser todo eso?

Nelson Mandela

Siempre puedes ser mejor.

Tiger Woods

Aquellos que desean tener éxito, encuentran la forma de lograrlo; los que no, encuentran una excusa.

Leo Aguila

Si los niños tienen la capacidad de ignorar las posibilidades y los porcentajes, entonces deberíamos aprender de ellos. Si lo piensas, ¿qué opción hay más que tener fe? Tenemos dos alternativas, médica y emocionalmente, rendirnos o luchar como locos.

Lance Armstrong

No somos lo que sabemos, sino lo que estamos dispuestos a aprender.

Mary Catherine Bateson

Si sueñas, pero el sueño no
se vuelve tu rey;
si piensas y el pensar no mengua
tus ardores;
si el triunfo y el desastre no te imponen
su ley y los tratas igual, como dos
impostores...
Tuya es la tierra y
todo lo que en ella habita.

Rudyard Kipling

El éxito no tiene que ver con tu historia, sino con la confianza que tienes y con el esfuerzo que estás dispuesto a hacer.

Michelle Obama

En la distancia, allá en el Sol, están mis más grandes aspiraciones. Quizá no las alcance, pero puedo levantar la vista y ver su belleza, creer en ellas, y seguirlas adonde vayan.

Louisa May Alcott

La experiencia es una gran ventaja. El problema es que cuando tienes experiencia, ya estás demasiado viejo para aplicarla.

Jimmy Connors

Siempre recuerda que tu decisión de tener éxito es mucho más importante que cualquier otra cosa.

Abraham Lincoln

El secreto para salir adelante es comenzar.

Sally Berger

Una persona que siempre hace su mejor esfuerzo se convierte en un líder nato, siguiendo el ejemplo.

Joe DiMaggio

No te expongas, eres lo único que tienes.

Janis Joplin

Mi éxito se debe a que escuché con respeto hasta los mejores consejos y a que después hice exactamente lo contrario.

G. K. Chesterton

Cuando me ocupo de un problema, no pienso en la belleza, sólo pienso en cómo resolverlo. Pero cuando termino, si la solución no es bella, sé que no es la correcta.

Buckminster Fuller

Haz algo porque es bueno, no nada más porque es una oportunidad de lograr el éxito.

Václav Havel

Puedo decir con honestidad que nunca me preocupó el éxito de un proyecto. Si sentía que era lo correcto, lo llevaba a cabo a pesar del posible resultado.

Golda Meir

Un héroe es una persona buena que no cambia.

George Foreman

En la sociedad actual, una buena cantidad de gente tiene la idea de que si nacen sin talento, no hay nada que puedan hacer al respecto y simplemente se resignan a lo que llaman su "destino". Por lo tanto, van por la vida sin vivirla a plenitud o sin siquiera saber que la vida es pura alegría. Ésa es la peor tragedia del hombre.

Shinichi Suzuki

El trabajo, combinado con el necesario descanso, es la salvación del hombre o la mujer.

Antoinette Brown Blackwell

En Estados Unidos, la gran división no se da entre Demócratas y Republicanos, sino entre los que hablan y los que actúan.

Thomas Sowell

Creo que me fue muy bien, considerando que empecé sólo con un montón de hojas en blanco.

Steve Martin

Aquéllos que tienen éxito en todo y no mencionan a la suerte, se engañan solos.

Larry King

El tiempo es nuestro bien más valioso; sin embargo, tendemos a perderlo, a matarlo, y a gastarlo, en vez de invertirlo.

Jim Rohn

Creo en lo imposible porque nadie más cree en eso.

Florence Griffith Joyner

El hombre sabio debería tener el dinero en la cabeza, pero no en el corazón.

Jonathan Swift

El escritor que posee el don de la creatividad es dueño de algo que no siempre domina; de algo que a veces, curiosamente, tiene voluntad propia y trabaja para sí mismo.

Charlotte Brontë

Tu situación actual no indica tu máximo potencial.

Anthony Robbins

Lo único que se necesita para romper el hechizo de la inercia y la frustración es esto: actuar como si fuera imposible fracasar. Ése es el talismán, la fórmula, la orden que nos lleva del fracaso al éxito.

Dorothea Brande

Primero, creo que esta nación debe comprometerse a cumplir la meta, antes de que termine la década, de mandar al hombre a la Luna y devolverlo a salvo a la Tierra. Creo que debemos ir a la Luna. Pero no tiene caso que acuerde o que desee que Estados Unidos tome una postura afirmativa en el espacio exterior, a menos de que estemos preparados para hacer el trabajo y aceptar las responsabilidades para que sea un éxito.

John F. Kennedy

No existe honor alguno en el éxito seguro, pero mucho se aprende de la derrota segura.

T. E. Lawrence

Apunta al cielo y también le darás a la tierra; apunta a la tierra y no le darás a ninguno.

C. S. Lewis

A un campeón le da miedo perder; a todos los demás, les da miedo ganar.

Billie Jean King

Es nuestra actitud al comienzo de una tarea difícil la que, principalmente, afectará su resultado exitoso.

William James

Luchar por la excelencia, te motiva; luchar por la perfección, desmoraliza.

Harriet Braiker

Ningún éxito en la vida pública puede compensar el fracaso en casa.

Benjamin Disraeli

La transmisión de documentos a través del cable del teléfono es posible en principio, pero el aparato que se necesita es tan costoso, que jamás será una propuesta práctica.

Dennis Gabor

Siempre tuve la impresión de que entre banqueros el éxito se medía por el grado en que no revelaban nada.

Lord Longford

Una imagen de sí mismo, fuerte y positiva, es la mejor preparación para el éxito.

Joyce Brothers

No intentes hacer las cosas, simplemente hazlas.

Ray Bradbury

El verdadero peligro es no hacer nada.

Denis Waitley

Nadie hablaría mucho
en sociedad si estuviera
consciente de lo mucho que
malinterpretamos a los demás.

Johann Goethe

Ver es olvidar el nombre
de la cosa que uno ve.

Paul Valéry

El alcance del hombre debe ir más allá de lo que puede tocar, o ¿para qué está el cielo?

Robert Browning

El mundo es un escenario y casi todos nosotros somos desesperadamente improvisados.

Sean O'Casey

Las cosas a las que más tememos en las organizaciones –fluctuaciones, altercados, desequilibrios– son la principal fuente de creatividad.

Margaret J. Wheatley

Si la sabiduría se adquiriera con la edad, no habría ancianos tontos.

Claudia Young

El propósito de la vida no es que estemos del lado de la mayoría, sino que nos escapemos para encontrarnos en las filas de la locura.

Marco Aurelio

Ganar quizá no sea todo, pero perder es poco recomendable.

Dianne Feinstein

De nuevo, no puedes unir los puntos mirando hacia delante, logras unirlos si miras atrás. Y debes confiar en que los puntos se unirán de alguna manera en tu futuro. Tienes que confiar en algo: la intuición, el destino, la vida, el karma, lo que sea. Ese enfoque nunca me ha decepcionado y ha marcado una gran diferencia en mi vida.

Steve Jobs

Invertí el 90% de mi dinero en mujeres y alcohol, el resto lo malgasté.

George Best

Creo que eres lo que trabajas. No intercambies tu vida, tu tiempo, por nada que no sea dinero. Es un mal negocio.

Rita Mae Brown

Construimos demasiados muros y muy pocos puentes.

Isaac Newton

Un gran éxito social es una muchacha bonita que juega sus cartas con el mismo cuidado que si fuera normal.

F. Scott Fitzgerald

Algunos hablan del futuro,
mi amor habla en voz baja,
sabe que no hay éxito como el fracaso
y que el fracaso no es éxito.

Bob Dylan

Si el mundo se hiciera estallar, la última voz que se escucharía sería la de un experto diciendo que eso no puede hacerse.

Peter Ustinov

Nunca me fijo en lo que se hizo, sólo veo lo que queda por hacerse.

Marie Curie

El largo y sinuoso camino

A veces, el sendero del éxito parece largo y, de vez en cuando, todos nos equivocamos de camino. En esta sección, analizamos cómo enfrentar los contratiempos y las decepciones, para que no te salgas del camino a pesar de cómo te trate la vida.

Es una lección a la que debes atender:
intenta, inténtalo otra vez.
Si a la primera no has vencido
intenta, inténtalo otra vez.

W. E. Hickson

Investiga; lo desconocido es lo más aterrador de todo, así que conquista tus miedos analizando las consecuencias potenciales de tus actos. Descubrirás que los miedos desaparecen cuando los iluminas con una linterna.

Acepta los errores en vez de huir de ellos. Considéralos como los guías que te indican cuándo debes tomar otro camino.

Recuerda que los grandes riesgos traen grandes recompensas. Jugar a lo seguro en realidad es muy arriesgado, porque te perderás las gratificaciones que habrías conseguido si hubieras estado preparado para recibirlas.

La experiencia no es lo que le sucede a un hombre, sino lo que un hombre hace con lo que le sucede.

Aldous Huxley

KPMG, la consultora de subcontratación, hizo una encuesta a 100 de las compañías más exitosas del mundo y descubrió que en el 70% de las organizaciones había cuando menos un proyecto que no salió bien en los últimos doce meses. Eso demuestra que hasta los mejores fracasan de vez en cuando…

Ir tras el éxito puede ser
más divertido que lograrlo,
así que ten cuidado
con lo que deseas.

El éxito más dulce lo juzgan
quienes no vencen jamás.
El apreciar un néctar
requiere una cruel necesidad.

Emily Dickinson

La mayoría de los fracasos suceden porque la gente simplemente se da por vencida antes de alcanzar el éxito.

No sólo planees cómo lograrás el éxito, también cómo vas a manejarlo.

Asegúrate de que cada error que cometas sea un error que no repitas.

Es fácil evitar las críticas, no hagas ni digas nada. Pero para lograr algo que valga la pena, tienes que aprender a sobrellevar la crítica.

No quites la mirada de tu objetivo, ni permitas que los contratiempos temporales te distraigan.

Cuando aceptas las noticias desagradables, no como algo negativo, sino como prueba de la necesidad de un cambio, no te derrotan, aprendes de ellas.

Bill Gates

No temas fijarte metas desafiantes, y no te decepciones si no consigues cumplirlas. Desafiarte a ti mismo siempre te ayuda a crecer.

Van Gogh murió en la pobreza, y nadie recuerda a los acaudalados coleccionistas de arte que alguna vez lo despreciaron.

Un campeón debe levantarse de la lona para ganar la pelea.

Te debes a ti mismo ser el mejor, y la única manera de saldar la deuda es trabajar duro.

Sí, es bueno; tan bueno, que uno se pregunta por qué no es mejor.

Ivy Compton-Burnett refiriéndose a Trollope

Pregúntate qué es lo peor que puede suceder. El miedo a equivocarse por lo general es peor que la realidad.

Caerse no es fracasar; fracasar es no levantarse.

No tienes que ser infalible para ser invencible.

Cada instante es un nuevo comienzo.

La integridad es perecedera en los calurosos meses del éxito.

Vanessa Redgrave

En una ocasión, Michael Jordan, el basquetbolista más exitoso de la historia reciente, quedó fuera del equipo de basquetbol de la escuela. ¡Que nada te detenga!

La clase adecuada de fracaso conduce a un éxito más sólido en el futuro.

Perfecciona y mejora tus planes constantemente, así como una araña repara su telaraña con frecuencia.

Lo mejor que debes hacer cuando te caes del caballo es volver a sentarte en la montura. Haz lo mismo con el fracaso.

No permitas que el éxito te seduzca y te haga creer que no puedes fallar.

Al principio, la editorial Knopf rechazó la famosa novela de George Orwell *Rebelión en la granja*, argumentado que: “es imposible vender animales para criarlos en Estados Unidos”. No permitas que las críticas apaguen tu entusiasmo.

Es un error suponer que el hombre llega al éxito a través del éxito, lo alcanza a través de los fracasos. Los principios, el estudio, los consejos y el ejemplo jamás le enseñarían lo que el fracaso.

Samuel Smiles

Despacio que voy de prisa; haz las cosas bien la primera vez, de lo contrario al final te tardarás más.

Bill Gates puso un negocio para analizar el flujo del tráfico de los autos. Como fracasó, eligió el negocio de las computadoras y, en consecuencia, se convirtió en el hombre más rico del mundo.

Es mejor intentarlo y fracasar, que jamás intentarlo.

El talento te lleva a la cima, pero el carácter te mantiene allí.

Las personas buenas lo son porque han adquirido sabiduría a través de los fracasos. El éxito provee muy poca sabiduría.

William Saroyan

El primer estudio de animación de Disney cerró después de un mes. Él simplemente fue "¡al infinito y más allá"!

El fracaso es la base
del éxito;
si un plan no funciona,
cambia de plan,
no de meta.

El éxito tiene muchos padres,
la derrota es huérfana.

Lo que consigues fácil, lo pierdes fácil.

El éxito es hasta dónde saltas después de haber tocado fondo.

Fue muy triste el día que la tienda de ropa para caballero Truman & Jacobson, de la ciudad de Kansas, cerró sus puertas en 1922. Pero uno de los dueños supo manejar la adversidad; Harry Truman se convirtió en presidente de los Estados Unidos.

La retirada pacífica ha conducido a la victoria en muchas batallas claves de la historia.

Si el techo se desploma, disfruta de la belleza de las nubes.

La gente más exitosa es aquella a la que le va bien con el plan B.

James Yorke

Ni la vida ni el éxito tienen botón de pausa, ¡así que dale "reproducir"!

Hazlo a tu manera, no a la manera que dicen los demás.

Recuerda la Carga de la Brigada Ligera: nadie duda de la valentía de sus participantes, pero se considera un desastre militar. Arriésgate, pero no seas imprudente.

Siempre pasas por el fracaso en el camino al éxito.

Mickey Rooney

Cuando encuentras la llave del éxito,
alguien cambia la cerradura.

La gente que de verdad es grande jamás hace sentir pequeños a los otros, más bien logra que ellos también sientan que pueden ser exitosos.

Los exitosos libros de Harry Potter, de J. K. Rowling, fueron rechazados por doce editores antes de publicarse.

Por suerte, la perseverancia es un excelente sustituto del talento.

Steve Martin

El éxito no es definitivo, el fracaso no es fatídico, lo que cuenta es el valor para continuar.

Winston Churchill

El fracaso no diluye al éxito, lo evapora.

Al final de cada día, no importa si fue bueno o malo, promete que lo harás mejor mañana.

Hay muchos caminos que conducen a la cima de la montaña, y no importa cuál escojas, la vista es igual de bonita.

A Woody Allen lo echaron de la escuela de cine antes de que se convirtiera en escritor y director ganador del Óscar.

Algunas derrotas son más triunfantes que las victorias.

Michel de Montaigne

Nos convertimos en lo que hacemos reiteradamente. Por lo tanto, asegúrate de hacer las cosas pequeñas muy bien, pues harás cosas pequeñas todos los días de tu vida.

Las lecciones más valiosas son aquéllas que aprendes después de creer que lo sabes todo.

Nada viaja más rápido que la velocidad de la luz, con la posible excepción de las malas noticias, las cuales obedecen a sus propias reglas especiales.

Douglas Adams

La sonrisa del éxito

¿De qué sirve que tengamos éxito si no lo disfrutamos? Ésta es una colección de ingeniosos pensamientos sobre la suerte oscilante de aquellos que han tenido el valor suficiente para ir en busca de sus sueños.

Pesimistas y optimistas contribuyen a la sociedad; el optimista inventa el avión, y el pesimista el paracaídas.

G. B. Stern

Era un hombre que había llegado adonde estaba por méritos propios y a nadie le debía su falta de éxito.

Joseph Heller

Tengo que seguir respirando, no hacerlo sería mi peor error comercial.

Steve Martin

Es mejor guardar silencio y pasar por tonto, que abrir la boca y disipar la duda.

Las familias importantes son como las papas, la mejor parte está oculta.

Francis Bacon

Algunos causan alegría adonde van; otros, cuando se van.

Oscar Wilde

El momento más oscuro en la vida de cualquier hombre es cuando se sienta a planear cómo conseguir dinero sin ganárselo.

Horace Greeley

Los seres humanos, que son casi los únicos que tienen la capacidad para aprender de la experiencia de los demás, también son excepcionales por su aparente inclinación a no hacerlo.

Douglas Adams

Tener un hijo no te convierte en padre, como tener un piano no te convierte en pianista.

Michael Levine

Tiene un genio especial para ser el centro de atención.

Lowell Thomas refiriéndose a T. E. Lawrence

Las mujeres comunes y corrientes son las que saben del amor, las bellas están muy ocupadas siendo bellas.

Katharine Hepburn

Cuando una persona con dinero conoce a una con experiencia, la persona que tiene experiencia termina con el dinero y la persona con dinero termina con la experiencia.

Harvey MacKay

Todas las mañanas me levanto y reviso la lista de *Forbes* de la gente más rica de Estados Unidos, si mi nombre no está, me voy a trabajar.

Robert Orben

Cualquier tonto puede criticar, y muchos de ellos lo hacen.

Arzobispo C. Garbett

Más matrimonios lograrían sobrevivir si las parejas se dieran cuenta de que a veces lo mejor viene después de lo peor.

Doug Larson

Gobierna a la familia como cocinarías un pescado pequeño, con mucho cuidado.

Proverbio chino

Hice mi fortuna a la antigua. Me porté muy bien con un familiar acaudalado justo antes de que muriera.

Malcolm Forbes

Muchos hombres le deben su éxito a la primera esposa, y su segunda esposa a su éxito.

Jim Backus

Resulta que el dinero era exactamente como el sexo, no pensabas en otra cosa si no lo tenías y pensabas en otras cosas cuando lo tenías.

James Baldwin

Los mejores esposos están sanos y ausentes.

Proverbio japonés

Hay apenas un ejemplo de un hombre que hizo una fortuna especulando y la conservó.

Andrew Carnegie

Para ser lo bastante inteligente para conseguir todo el dinero, uno debe ser bastante estúpido para quererlo.

G. K. Chesterton

La civilización es insoportable, pero es menos insoportable cuando estás en la cima.

Timothy Leary

Un crítico es un hombre que conoce el camino, pero no sabe manejar el auto.

Kenneth Tynan

El dinero no compra amigos, pero te consigue una clase mejor de enemigos.

Spike Milligan

Si no tienes tiempo para responder a un tirón en la pierna, tu agenda está demasiado apretada.

Robert Brault

La razón por la que los nietos y los abuelos se llevan tan bien es porque tienen un enemigo en común.

Sam Levenson

El éxito es algo que siempre le llega más rápido a la persona con la que casi se casa tu pareja.

No diré que nuestra escuela era más rígida, pero tuvimos nuestro propio juez. Solíamos escribir ensayos sobre "qué quiero ser cuando sea grande".

Lenny Bruce

Mientras intentamos enseñarles a nuestros hijos sobre la vida, nuestros hijos nos enseñan qué es la vida.

Angela Schwindt

Quizá no llegué al punto donde pretendía ir, pero terminé donde pretendía estar.

Douglas Adams

Es divertido hacer lo imposible.

Walt Disney

Como hasta en las mejores familias, tenemos nuestra propia dosis de excentricidades, de impulsividad, de adolescentes caprichosos y de desacuerdos familiares.

Reina Isabel II

Amarse a sí mismo es el inicio de un romance que dura toda la vida.

Oscar Wilde

Cuando pienso en toda la basura que aprendí en la escuela, me parece un milagro que aún pueda pensar.

Paul Simon

Es mejor fracasar siendo originales, que alcanzar el éxito imitando a alguien.

Herman Melville

Jamás ha habido un niño tan adorable que la madre no quiera poner a dormir.

Ralph Waldo Emerson

Reza para que el éxito no llegue más rápido de lo que eres capaz de resistir.

Elbert Hubbard

Detrás de cada hombre exitoso, hay una mujer sorprendida.

Entre más se acerca uno a la cima, más descubre que no hay "cima".

Nancy Barcus

Parece que el éxito es en gran medida un tema de aferrarse después de que los demás renunciaron.

William Feather

Si no tienes éxito a la primera, el paracaidismo no es para ti.

Arthur McAuliff

Si quieres hacer un pay de manzana desde el principio, primero debes crear el universo.

Carl Sagan

La victoria es del jugador que comete el penúltimo error.

Savielly Tartakower

Dos más dos siguen siendo cuatro,
a pesar de que el aficionado diga
llorando que son tres, o de que
el crítico grite que son cinco.

James McNeill Whistler

No fracasé, sólo encontré 10 000
opciones que no funcionan.

Thomas Edison

En juzgar a los demás, la gente trabaja horas extra sin remuneración.

Charles Edwin Carruthers

Conforme envejeces, es más sencillo lograr el éxito. En algún tiempo, esperaban que saliera al escenario, fumara un cigarro y contara chistes; hoy, si salgo al escenario, recibo una ronda de aplausos.

George Burns

La vejez es como todo lo demás, para ser exitoso, debes empezar joven.

Fred Astaire

La vida es una tragedia si la ves en un acercamiento, pero una comedia en una toma abierta.

Charles Chaplin

Cuando uno busca a quién echarle la culpa siempre tiene éxito.

Robert Half

Para escribir un libro de verdad divertido, un hombre debe someterse a muchos castigos.

Ernest Hemingway

Si no lo consigues a la primera, inténtalo, inténtalo de nuevo, y luego date por vencido. No tiene caso que te engañes.

W. C. Fields

La edad es un tema estrictamente en el que la atención no importa. Si no le prestas atención, no importa.

Jack Benny

Es una pena que no sea la persona maravillosa que dicen que soy, porque el mundo necesita algunas personas así.

Alan Alda

Cada éxito sólo es un boleto de entrada a un problema más difícil.

Henry Kissinger

Para que una actriz
sea exitosa, debe tener
el rostro de Venus, la
inteligencia de Minerva,
la gracia de Terpsícore, la
memoria de Macaulay,
la figura de Juno y la piel
de un rinoceronte.

Ethel Barrymore

Si puedes contar
tu dinero, entonces
no eres rico.

John Paul Getty

Si parece que todo está bajo control, entonces no vas a buena velocidad.

Mario Andretti

Vives y aprendes; de todas formas, vives.

Douglas Adams